DISCOURS

PRONONCÉ PAR

M. LE CURÉ

DE TANNAY,

LE JOUR DE L'ASSEMBLÉE DU COMICE

TENU DANS CETTE VILLE,

LE 6 SEPTEMBRE.

CLAMECY,

Typographie , Lithographie et Authographie

DE CH. CÉGRÉTIN,

RUE DE LA MONNAIE, 14 ET 16.

1863.

DISCOURS

PRONONCÉ

PAR

M. LE CURÉ

DE TANNAY,

LE JOUR DE L'ASSEMBLÉE DU COMICE TENU
DANS CETTE VILLE, LE 6 SEPTEMBRE.

————※————

Nous sommes réunis dans le lieu saint, pour accomplir le devoir d'adoration et de culte public qui précède toutes les opérations. L'individu, comme la société, relèvent de Dieu et lui doivent l'hommage absolu de leur existence et de leur amour. Cet acte, obligatoire surtout le saint jour du dimanche, est le premier dans la hiérarchie des devoirs, et son accomplissement est une garantie que tous les autres seront accomplis.

Vous rendez hommage à cette vérité, Messieurs, par votre présence si digne au milieu de nous, et vous donnez un salutaire exemple ; car l'exemple est surtout efficace, quand il est donné par des hommes honorables ; il est efficace quand on voit, comme présentement, un magistrat éminent, plein de sève et de vigueur, nonobstant les années, abaisser devant Jésus-Christ, notre souverain Seigneur, toutes les illustrations qu'il a conquises, en faire hommage à celui d'où dérivent les dons du génie, à qui seul appartiennent et l'honneur et la gloire. Cette fête ayant pour but les progrès de l'agriculture, qui

profite à tous, vous nous permettrez de rappeler les
services que l'église catholique a rendus à l'agriculture
et à l'homme des champs.

L'AGRICULTURE est le plus ancien des arts ; elle a
commencé avec le genre humain ; les premiers peuples ont été pasteurs et laboureurs ; l'ère patriar-
chale, les rois riches en troupeaux, l'agriculture,
objet principal, richesse unique: voilà le berceau du
monde ; c'est ce que témoignent les plus anciens
monuments de l'histoire.

Les sociétés ont pris leur développement, et le
luxe avec elles; de nouveaux besoins ont surgi, pour
lesquels on a recherché les métaux précieux ; mais
toujours l'agriculture a été classée au premier rang
des nécessités sociales, et toujours elle a été en
honneur chez les peuples fidèles à leurs croyances
et aux mœurs primitives.

La religion bénit tous les arts utiles, elle préconise
avec amour le travail des champs, et l'homme des
champs est aussi l'homme du culte, et généralement
le plus fidèle observateur des préceptes chrétiens.

Il fut un temps où nos campagnes, aujourd'hui si
riches des développements de la culture, présentaient
un tout autre aspect; alors, notre état social était
encore à naître et il fut lent à se former.

Au sixième siècle, l'église catholique donna à
l'agriculture sa première renaissance ; quand le
chaos était universel, elle suscita ces intrépides
colons qui ont défriché le sol de notre patrie, et celui
de plusieurs contrées de l'Europe.

Rappelons-nous ce qu'était le sol, ce qu'était
l'habitant de la Gaule, après quatre siècles révolus
de cette domination romaine importée par César, et
dont les empreintes sont encore visibles.

La tyrannie et la fiscalité romaines avaient converti en déserts des contrées entières ; les populations étaient pauvres, tristement clair-semées à travers des campagnes sans culture ; les forêts ténébreuses, où les druides célébraient jadis les rites nationaux, avaient envahi une grande partie du sol ; ces Gaulois, si renommés par leur vaillance, étaient corrompus et asservis ; ils avaient perdu successivement les institutions civiles et politiques, la richesse du sol, leur nationalité et la langue de la patrie.

Tel était l'état de la Gaule, lorsque les Barbares, en troupes innombrables, partis des vastes contrées de l'ORIENT, et du nord de la Germanie, envahirent l'occident et le midi de l'Europe. Au temps de Jules César, la Gaule put opposer à ses envahisseurs l'énergie d'un peuple libre ; ce temps n'est plus ; le courage s'est éteint avec la nationalité.

Les Francs, nation germanique, arrivent après les autres ; ils disputent leurs conquêtes aux Visigoths et aux Burgondes qui les ont précédés ; établis sur le sol, ils refoulent d'autres Barbares, prêts à franchir le Rhin, et deviennent la race prépondérante.

Qui va civiliser cette race énergique mais cruelle, assouplir et diriger cette fierté sauvage, constituer le droit en présence de la force ? Qui va défricher le sol appauvri et désert ?

C'est l'Eglise, qui reste debout, espoir de l'avenir, asile de la liberté et de la dignité humaines.

Les Francs sont acceptés comme des libérateurs par les serfs de l'empire romain ; après Clovis, ils embrassent graduellement la foi chrétienne ; barbares dans leurs mœurs, ils repoussent cependant l'hérésie, et, quand viendra l'ère des Carlovingiens, ils

formeront un rempart inexpugnable contre les enne-
mis de la catholicité.

Par eux, et sous l'influence du génie chrétien, les
races étant combinées, la Gaule deviendra la noble
France.

Tandis que s'élabore lentement la fusion des races,
les moines, véritables pionniers de la civilisation, se
vouent à tous les sacrifices: ils sont, et durant de lon-
gues années, bûcherons, terrassiers, maçons, laboureurs, charpentiers; ils s'interposent entre le vainqueur
et le vaincu, proclament énergiquement les droits
et les devoirs de l'homme affranchi par le baptême.
Quelquefois ils périssent victimes de leur zèle ; le
plus souvent ils dominent la violence et commandent
le respect. Par l'effort de leurs bras, le sol défriché
s'ouvre à la culture, et, par la vertu de leur apostolat, la foi chrétienne s'enracine et les naturels flé-
chissent.

Combien de villes et de villages remplacent aujourd'hui, où des forêts impénétrables, ou une végétation sauvage, et des fondrières qui attestaient le
désert ! Ce fut l'œuvre des moines , dans leur âge
héroïque, et leur nom, en beaucoup d'endroits, est
demeuré le nom même des pays dont ils ont été les
fondateurs.

Il serait trop long d'en faire ici la nomenclature.
Le monastère a été, dans nos contrées , le premier
foyer de la civilisation; ces établissements ont exercé
sur les populations un empire incontesté.

Mais aussi, quel spectacle ! le désert s'est animé ;
les sombres forêts et les taillis sauvages ont fait place,
çà et là, à des champs cultivés ; les marécages sont
devenus des prairies, où paissent de nombreux
troupeaux ; le torrent est contenu dans des digues

puissantes, et d'heureuses saignées portent, dans des terres moins exposées aux irrigations, la vie et la fécondité.

Telles sont les riantes avenues qui conduisent au monastère, placé, tantôt sur une cime élevée, souvent près d'un cours d'eau , et au centre des richesses agricoles qu'il a suscitées, et qui forment sa couronne.

Que de difficultés vaincues ! Ces pieux colons n'avaient pas, comme les Romains, des populations asservies, chargées, sous le sabre du vainqueur , de tracer les voies romaines, et d'ériger des monuments à la gloire et pour l'amusement du peuple-roi.

Sans machines, sans armes, sans trésors, ils n'ont eu, pour vaincre les obstacles , que leur invincible persévérance, l'aumône spontanée, l'obéissance et la prière.

Autour d'eux se groupent les pauvres qu'ils nourrissent, les affligés qu'ils consolent , les ignorants qu'ils instruisent, les populations qu'ils civilisent.

Des écoles sont attachées aux monastères des Bénédictins, écoles savantes, où les clercs transcrivent et conservent les manuscrits de l'antiquité , et sauvent, pour les âges futurs, les monuments du génie.

Ce fut dans les cloîtres , asiles du travail et de la prière, que se formèrent, pendant six siècles , les grands caractères, les hommes qui dirigeaient les conciles, les diètes et l'opinion publique; les hommes qui dictaient aux chrétiens , insurgés contre la violence, les garanties qu'ils devaient imposer à leurs oppresseurs, et qui prenaient sous leur sauvegarde, dans l'intérêt de tous, ces chartes du droit et de la liberté, jurées sur les saints Évangiles.

Quand le clergé séculier subissait quelquefois l'influence d'un monde encore barbare, ces hommes apostoliques, étrangers au monde et dévoués à tous les sacrifices, constituaient l'empire de l'esprit sur la matière et du droit sur la force. Par eux, la doctrine évangélique étendait son empire, nouveau soleil, qui projetait une lumière inconnue à l'ancien monde. Alors, des vertus surhumaines attestaient, dans les deux sexes, la présence et l'action créatrice de Jésus-Christ. C'était le dévouement porté à sa plus haute puissance, c'était la pureté évangélique et l'abnégation absolue.

Alors des personnages, considérables par la naissance et la fortune, renonçaient à tous les avantages terrestres, et entraient dans le cloître, pour y remplir les plus humbles offices de l'obéissance et de la charité, ou pour cultiver de leurs mains la terre dont ils s'étaient dépossédés en faveur de l'indigence.

Ainsi, la charité produisait ses héros, et le sacrifice chrétien succédait à l'antique égoïsme.

La civilisation française a eu pour base l'enseignement évangélique : ébranler les fondements d'un édifice, c'est ébranler l'édifice lui-même ; porter atteinte aux principes qui ont constitué notre force et notre grandeur, c'est vouloir amoindrir cette force, abaisser cette grandeur.

Quels sont ces principes ?

L'amour de Dieu en Jésus-Christ et par Jésus-Christ, Dieu et homme, souverain médiateur ; l'amour du prochain, complément nécessaire de l'amour de Dieu ; le culte du juste et de l'honnête, l'abnégation en présence du devoir.

Cette doctrine a relevé l'humanité, elle a formé la civilisation chrétienne, à laquelle l'antiquité n'a rien produit qui fût comparable.

La noble France a gardé l'empreinte de son éducation évangélique ; elle l'a gardée dans ses habitudes et dans ses mœurs ; aussi la France est-elle la première des nations chrétiennes, c'est-à-dire, la première des nations civilisées.

Répudier ces traditions de foi religieuse et de généreuse grandeur, ce serait provoquer le progrès à reculons ; ce serait rappeler les institutions du vieux monde païen, fondées sur l'abaissement et le mépris de l'humanité, ces temps de barbarie savante et lettrée, où l'esclavage pesait de tout son poids sur les deux tiers de l'espèce humaine, mis hors la loi , où le travail était avili, où la souffrance était sans espoir, où la morale publique était anéantie ; ce serait invoquer les ténèbres au sein de la plus pure lumière.

Que deviendrait une société où de telles négations seraient prédominantes ?

Toute grandeur morale serait effacée ou méconnue ; le respect serait une chimère, le sacrifice personnel une sottise, l'intégrité des mœurs un préjugé ; la distinction du bien et du mal , si ferme chez les chrétiens, et si délicatement accentuée , ne serait plus qu'une vaine théorie livrée à l'arbitrage des passions; la jouissance et le plaisir deviendraient le but suprême, et le succès justifierait tous les attentats.

Si Jésus-Christ, souveraine lumière , nous retirait ses clartés, à notre civilisation, qu'a faite l'Evangile, succéderaient graduellement les ténèbres de la barbarie.

Ainsi, quand le soleil descend sous l'horizon , la nuit couvre notre hémisphère.

Ne l'oublions pas : l'agriculture est surtout aimée par les populations qui ont des croyances et la simplicité des mœurs ; la vie des champs n'a d'attraits que pour les âmes simples et pures. Les traditions religieuses et domestiques attachent à la maison rustique, et donnent des charmes aux habitudes et à la vie de famille.

Hors de ces conditions, l'homme des champs , s'il n'est enchaîné à la culture par des intérêts permanents, convoite les grands centres, la vie dissipée et les plaisirs corrupteurs.

Les mêmes causes produisent toujours les mêmes effets. Entrons pour un instant dans le monde païen.

On a vu, dans l'ancienne Rome, de grands personnages, consuls et dictateurs , abdiquer leurs fonctions après avoir servi et sauvé l'État, et retourner à leurs travaux des champs. Les traditions religieuses, plus pures aux premiers âges des anciens peuples , avaient toute leur puissance ; les mœurs étaient simples et les caractères élevés. Mais lorsque les sophistes de la Grèce eurent corrompu chez les Romains les maximes antiques, l'égoïsme , l'appétit de l'or et du plaisir remplacèrent la noble simplicité des ancêtres ; les mœurs publiques subirent la déchéance décrite par Salluste ; alors l'agriculture , précédemment honorée, fut jugée indigne du citoyen et abandonnée aux esclaves; le *Villicus*, ou intendant de campagne, fut chargé exclusivement de gouverner la terre ; sous sa direction, des troupeaux d'esclaves, égaux aux bêtes de somme , et travaillant comme elles, firent les travaux des champs.

Cet état de choses fut en pleine vigueur quand la civilisation était dans ses plus beaux jours ; pourtant, l'Orateur romain préconisait, avec amour, les merveilles de la végétation et les charmes de la vie champêtre. *Quibus ego incredibiliter delector.* Les poètes chantaient le doux loisir au bord des eaux vives et sous les frais ombrages ; ils chantaient la charrue, les troupeaux, la vigne et les abeilles. Après eux, Pline l'Ancien, dans son Histoire naturelle , exposait sa théorie du labour et de l'éducation des arbres, la description variée des oiseaux et des fleurs. Avec un esprit charmant, Pline le Jeune décrivait les plaisirs de la villégiature, les contours gracieux et les sites admirables de ses villas; Columelle, le plus savant agronome de l'antiquité, composait ses traités *de re rusticâ* ; mais, nonobstant la poésie, l'éloquence et la doctrine, l'agriculture , dans la pratique, était réputée occupation servile et indigne d'un homme libre. Le séjour hors des villes était momentané ; le citoyen n'aimait de la campagne que les ombrages, le plaisir et le repos.

En effet : voici venir la saison d'automne, si riante dans la belle Italie.

Voyez-vous sur les hauteurs ombragées de Tusculum, sur celles d'Albe et de la Sabine , ces gracieuses villas, qui se détachent des massifs de verdure... Aux alentours, des eaux limpides tombent en cascade sur des pelouses fleuries, où elles entretiennent une délicieuse fraîcheur. Suivez la côte depuis l'embouchure du Tibre, de *Laurentum* à *Lanuvium* et *Antium*, avancez jusques à *Cajeta* et *Baïa* et les autres villes , aux bains élégants, qui entourent le Vésuve : sur ces riches collines, qui dominent la plus belle des mers , au milieu des splendeurs végétales et des parfums exquis, contemplez, sous un ciel d'azur, ces villas somptueuses , véritables palais, qui attendent aussi les citoyens de la ville éternelle.

Des essaims d'esclaves, sous le fouet du *Villicus* , taillent les haies, nettoient les conduits des eaux artificielles, arrachent les herbes parasites ; ils disposent, ils rangent, ils s'empressent, ils se hâtent...

Voici les maîtres ! Ils arrivent traînés dans des chars élégants, avec leurs familles, ou portés en litières sur les épaules de leurs esclaves.

Que viennent faire en ces lieux ces fiers patriciens, ces opulents plébéiens représentants du peuple-roi et de la civilisation ?

Voudront-ils se mêler aux cultivateurs, visiter leurs familles, compâtir à leurs peines, les suivre avec bienveillance au milieu de leurs travaux ?

La civilisation païenne n'a pas l'idée de ces procédés. Agir ainsi, c'est honorer le travail et la souffrance, c'est pratiquer la charité, la fraternité; mais ces mots, avec leur signification chrétienne, n'existent pas dans la belle langue latine ; les cultivateurs sont des esclaves et non des hommes ; leurs enfants sont un produit qui appartient au maître, et le *Villicus* les note sur son livre, comme il note les petits de ses troupeaux.

Le maître est dans sa campagne, c'est pour lui que tout respire et tout doit concourir à ses plaisirs.

Quel égoïsme et quelle élégance ! La peinture est historique :

Il se promène sous les frais ombrages , il suit la pente des cascades qui jaillissent en rosée , il visite ses jardins ornés des statues lascives de la religion nationale, il est à ses livres, il écrit pour charmer ses loisirs; ou bien la pêche, le bain et un repas exquis partagent sa journée. Vers le déclin du jour, et par un beau ciel, il descend vers la baie. Un léger esquif est disposé; il y monte avec sa famille, et, mollement bercé par la brise, il vogue sur une mer tranquille où resplendit la voûte étoilée. Pour ajouter à ses plaisirs, les accords de la harpe se marient aux chants des nautonniers.

Mais celui qui lui fait ces loisirs, celui dont le travail nourrit sa mollesse et embellit son séjour, l'esclave, le pauvre esclave, tout entier à son labeur, n'ose lever les yeux sur ce maître superbe; lui parler sans y être invité serait une offense digne des verges. L'esclave est hors l'humanité; vil troupeau né pour le travail et la peine, il n'a droit à aucune pitié.

Sortons de ce monde payen, que la croix de Jésus-Christ a vaincu, qu'elle a balayé. Oublions ses grâces, ses délicatesses, son orgueil et les jouissances qui insultent à la douleur; inclinons-nous devant la Croix qui a transformé le monde...

O Crux, ave ! spes unica....

Salut, croix de Jésus-Christ, unique espoir de l'humanité! à toi, nous devons la sainte fraternité, la charité et le respect réciproques; à toi, la divine espérance ! Sois toujours l'étoile qui nous guide, la force qui soutient et l'espoir qui console !

Tu fais les héros de la charité et du sacrifice, ô croix du divin Rédempteur ! Oppose les vertus qui sauvent les sociétés à l'orgueil et au sensualisme : ces ténèbres du vieux monde apparaissent menaçantes sur l'horizon des peuples. O croix! reste la base et le lien des sociétés !

Rome porta son égoïsme implacable et le mépris de l'humanité dans tous les pays conquis par ses victoires. Tant que subsista dans les Gaules la domination romaine, les villes eurent la prépondérance exclusive : les chefs gallo-romains et les propriétaires du sol fixèrent leur résidence dans les villes ; la campagne était abandonnée aux esclaves ; le travail des champs était le signe et l'attribut de l'esclavage ; il était méprisé.

Il fallait abaisser cet orgueil, réhabiliter le travail et l'ouvrier, établir entre tous les hommes le lien fraternel, constituer la grande loi du sacrifice : ce fut l'œuvre de Dieu par l'apostolat chrétien.

Qu'ils fussent humbles ou grands par la naissance et le génie, les moines missionnaires étaient assujettis à la même règle, voués aux mêmes sacrifices, à la même pauvreté personnelle et laborieuse. Aux populations étonnées de cette vie de labeur, de sacrifice, de pureté et d'amour, ils présentaient le crucifix : ainsi Dieu a aimé le monde ! *Sic Deus dilexit mundum.* Pour expier notre orgueil et nos convoitises, il s'est humilié lui-même, *humiliavit semetipsum.* Il s'est fait obéissant jusques à la mort, et à la mort de la croix, *factus obediens usque ad mortem, mortem autem crucis.* Nous devons, en retour, nous dévouer à sa gloire et au salut de nos frères.

Cet apostolat a transformé nos pères ; l'œuvre de leur régénération morale ne s'est pas accomplie en un jour ni sans obstacle ; les grandes œuvres sont toujours laborieuses et imposent à leurs auteurs de douloureux sacrifices ; mais Dieu féconde ces sacrifices et donne la victoire à qui combat pour lui.

Le jour vint où le travail manuel cessa d'être un opprobre , où l'unité de la famille humaine fut reconnue, où la dignité de l'homme fut [comprise , où la loi du respect fut imposée, où le sacrifice fut religieusement accepté, où la charité entra, pour y rester, dans les mœurs françaises; le jour vint où le Chef de l'Etat, proclamant Jésus-Christ, son modèle et son maître, fit circuler, inscrite sur ses monnaies, la belle et noble devise : *Christus vincit, Christus regnat, Christus imperat*, le Christ est vainqueur, il règne , il commande.

L'ère évangélique n'a certainement pas supprimé tous les désordres de l'humanité : aux vertus les plus éclatantes les vices ont toujours fait contraste. Dieu laisse à l'homme ici-bas son libre arbitre; mais Jésus-Christ , notre Seigneur, étant établi le régulateur et le modèle des mœurs, le sens moral, chez les chrétiens , a acquis une perfection que ne soupçonnèrent jamais les plus beaux génies du paganisme, et des vertus surhumaines ont embelli les Annales du monde.

Tous les progrès politiques et sociaux n'ont point eu leur accomplissement instantané : qui en doute ? L'homme n'arrive pas soudainement à la virilité; le temps développe et mûrit les institutions comme les hommes. Toutefois, la sève évangélique était inoculée au cœur de la France, et toutes les institutions progressives de la société française devaient être un fruit de l'Evangile.

L'homme des champs fut longtemps encore serf et
corvéable ; mais le christianisme l'avait classé parmi
les hommes, et son affranchissement était inévitable :
ce n'était plus qu'une affaire de temps.

En attendant, l'Eglise le défend et lui suscite des
défenseurs. Charlemagne , inspiré par elle, protège
l'agriculture et lui consacre un de ses Capitulaires.
Quand plus tard les barons, toujours armés en guerre,
désolent les campagnes, la *trève de Dieu,* sous peine
d'anathème, leur est imposée , suspend les hosti -
lités et vient en aide au laboureur ; par son ordon-
nance de 1258, Saint Louis, ce beau type évangélique, interdit les guerres privées et déclare le Seigneur
responsable des brigandages commis sur les terres.

Protéger l'agriculture et réparer ses désastres ,
est désormais pour l'Etat un devoir traditionnel ,
héritage que l'Eglise lui a transmis.

C'est ce devoir qu'accomplissent notamment
Charles V, qui fait sortir de France les compagnies
de Malandrins , qui ravageaient les campagnes ;
Charles VII, qui répare les désastres de l'invasion
anglaise ; Louis XI, qui protège le paysan et intro-
duit la culture du mûrier ; Louis XII, qui affranchit
une grande partie des serfs ; Henri IV et Sully , qui
relèvent les campagnes ruinées par trente ans de
guerres civiles; Colbert, dont les règlements protec-
teurs eussent été féconds en résultats, sans les désastres qui terminent le grand règne ; le vertueux
Louis XVI et Turgot, qui , en 1776, abolissent la
corvée ; enfin, la Législation moderne, honneur lui
soit rendu ! qui a complété l'œuvre de l'émancipation.

Ainsi l'homme des champs, relevé d'abord par le Christianisme de la déchéance absolue où l'avait relégué le paganisme, longtemps protégé par l'Eglise contre la violence, a dû son affranchissement progressif au développement des mœurs et de la civilisation chrétiennes.

C'était justice.

Le laboureur chrétien est le plus ferme appui de la société ; il la nourrit de son travail, il la soutient par ses doctrines, il la défend par le bras de ses enfants. Etranger aux ambitions qui conspirent , il n'a pas d'autre horizon que ses champs et sa maison rustique ; c'est là son royaume : *Mea regna videns , mirabor...* C'est chez lui qu'on trouve l'amour du foyer, le culte des traditions, le culte de la famille et le respect.

Tel est le laboureur chrétien.

Est-il obligé, pour servir son pays, de quitter le toit paternel et la charrue, il part, cet enfant du village, l'œil humide de larmes et le courage au cœur; il part, mais il emporte le souvenir et l'amour de sa chaumière et de son clocher. En ses lointains voyages , il les revoit encore, et l'horizon de son village est toujours le plus beau. S'il tombe en défendant son drapeau et l'honneur, ah ! sa douce famille, et le toit paternel , et ses champs, il les salue de loin pour la dernière fois!

Et dulces, moriens, reminiscitur Argos.

Tel que le fait et le civilise la religion , le cultivateur n'est pas l'homme cupide, rusé, processif; il est l'homme de la famille et de la société , l'homme du travail et du devoir.

Puissent les vertus religieuses et morales inspirer toujours nos cultivateurs ! puissent les bonnes mœurs et les saintes traditions ne jamais déserter nos campagnes ! puissent la vie agricole et le toit paternel être toujours préférés à la séduction des villes ! A ces conditions, nos populations rurales resteront saines de corps et de principes, dévouées à l'ordre public, toujours dignes de nos respects, dignes de vos encouragements, Messieurs, et de vos récompenses.

C'est à ce but que tendent vos travaux : vous ne couronnez pas seulement les progrès matériels, vous couronnez la probité laborieuse et la sainte fidélité au devoir. Les qualités morales sont plus précieuses que les produits du sol. Votre œuvre, Messieurs, est sociale et chrétienne.

Daigne Jésus-Christ, notre Souverain Seigneur, conserver en nous la foi et les œuvres chrétiennes ! Daigne Jésus-Christ bénir et défendre notre belle patrie, la dynastie impériale et son auguste chef, et maintenir entre tous nos concitoyens l'union et la concorde !

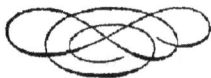

CLAMECY,

Typographie, Lithographie et autographie

DE CH. CÉGRÉTIN,

RUE DE LA MONNAIE, 14 ET 16.

1863.